Inhalt

Das einfache und schnelle One Pot Kochbuch

Der große Küchenratgeber für leckere und gesunde Gerichte aus einem Topf

Autor Imke Mellenbrandt

Was bedeutet One Pot?

Im Grunde ist es ganz einfach:
Die Gerichte werden in einem Topf zusammengemischt und gekocht.

Was sich erst einmal wie die Neuerung schlechthin anhört, ist eigentlich gar nicht so neu. Denke nur an die ganzen klassischen Eintopfgerichte.
Aber während die traditionellen Eintöpfe eine lange Kochzeit haben, sind die One Pot Gerichte alle ganz schnell zubereitet.

Das Neue daran sind die peppigeren Zutaten und dass eben das Gemüse nicht so sehr zerkocht wird und somit knackiger und gesünder ist.
Der weitere Pluspunkt der One Pot Leckereien ist, dass man auch nach dem Kochen ganz schnell mit dem Aufräumen in der Küche und dem Abspülen des Geschirrs fertig ist.
Kochen soll Spaß machen und kein wissenschaftlicher Vorgang sein.

Für den Alltag ist ein gesundes, schnell zubereitetes Essen viel wichtiger als ewig in der Küche zu stehen, um endlich essen zu können.

Diese Rezepte haben eine regelrechte Geling-Garantie. Jeder, egal ob Amateur oder Profi, kann sich ein tolles

Mahl zubereiten.

Nur auf zwei wesentliche Vorgaben solltest du achten:
Bei den One Pot Gerichten ist ein wenig
Fingerspitzengefühl gefragt. Denn während der
Kochzeit musst du immer darauf achten, dass
genügend Flüssigkeit im Topf ist, damit auch wirklich
alle Zutaten die Möglichkeit haben zu garen.
Jedoch nicht zu viel Flüssigkeit verwenden, damit dein
Gericht nicht zur Suppe wird. Und immer schön
umrühren! Damit nichts anbrennt und alles schön
durchgart.

Was brauche ich für die One Pot Gerichte?

Um die Gerichte aus einem Topf zu zaubern, benötigt man gar nicht viel!
Das, was normalerweise in einer Küche an Utensilien zu finden ist, reicht aus.
Wichtig ist aber, dass der Topf eher breit als hoch ist, denn dann gelingen die One Pot Rezepte leichter.
Alternativ kann man auch auf eine große Pfanne ausweichen.
Manche Gerichte werden sogar in einer Auflaufform im Ofen gegart.

Ansonsten braucht man einen guten Kochlöffel, scharfe Messer, ein Schneidebrettchen, ein Küchensieb und manchmal einen Sparschäler.

Für leckeren Parmesan oder anderen Käse, den du selbst frisch von einem Laib reibst, bietet sich natürlich noch eine gute Käse- oder Küchenreibe an.
Hast du eine Küchenreibe mit mehreren unterschiedlichen Schnittmustern, kannst du damit auch Gemüse für das Gericht kleinhobeln.

Nutze hochwertige Zutaten, dein Geschmacksinn wird es dir danken!
Richte deine Gerichte nett auf Tellern an, garniere mit

ein paar frischen Kräutern, decke den Esstisch und genieße das Essen in vollen Zügen.

Das tut deinem Körper und deiner Seele gut.
Sagt dir ein Rezept zu, aber die eine oder andere Zutat ist nicht nach deinem Geschmack, dann tausche doch einfach Lebensmittel. Erlaubt ist, was schmeckt!

Wenn du ganz ambitioniert bist, dann machst du deine Nudeln selbst.
Warum auch nicht? Schließlich spart man beim Kochen in einen Topf eine Menge Zeit. Dafür brauchst du keine Nudelmaschine, lediglich ein Nudelholz, Handrührgerät und ein Messer sowie die Zutaten. Nur, wenn dir die selbst gemachten Nudeln ganz viel Freude bereiten und du diese oft zubereitest, kannst du dir überlegen, ob es sich lohnt, wenn du dir eine Pasta-Maschine zulegst. Dann ist die Maschine hilfreich für das Ausrollen und Schneiden, so kannst du sogar feine Spaghetti selbst herstellen.
Doch für den Anfang reicht es, wenn du dir mehr oder weniger breite Nudeln mit einem Messer auf der Arbeitsfläche schneidest.

♥Rezepte wie bei Muttern♥

Selbst gemachte Nudeln

 Entscheidend für den selbst gemachten Nudelteig ist das Mehl. Nimm kein normales Mehl, das Mehl muss noch feiner für gelungene Nudeln sein!

Teig für 5 Personen:

- 300 g spezielles Nudelmehl
- 3 mittelgroße Eier
- 2 Esslöffel Bio-Olivenöl
- Salz
- etwas Wasser

Zubereitung:

1. Zuerst das Mehl und ½ TL Salz in einer Schüssel miteinander vermischen.
2. Dann Eier, Olivenöl und 1 EL Wasser dazugeben.
3. Mithilfe der Knethaken des Handrührgerätes die Zutaten zu einem geschmeidigen Teig verkneten. Ist der Teig zu bröselig, gib vorsichtig noch etwas Wasser dazu. Zu feuchter Teig wird mit etwas zusätzlich untergemischtem Mehl griffiger.

4. Nun nimmst du den Teig aus der Schüssel und knetest ihn mit viel Liebe von Hand noch etwa 8 Minuten weiter.
5. Der Teig soll am Ende schön elastisch sein.
6. Nun muss der Teig, zu einer Kugel geformt und abgedeckt mit einem Geschirrhandtuch, 30 Minuten bei Zimmertemperatur ruhen.
7. Anschließend rollst du mit dem Nudelholz den Teig auf einer mit Mehl bestäubten Arbeitsfläche so dünn aus, dass die Arbeitsfläche leicht durchschimmert.
8. Rolle den Teig nicht nur in eine Richtung aus, sonst zieht er sich schnell wieder zusammen.
9. Dann nimmst du ein scharfes Messer und schneidest die Nudeln aus dem Teig so breit, wie es dir gefällt.
10. Die selbst gemachten Nudeln brauchen nur eine ganz kurze Garzeit!

Reisfleisch mit Pute nach Mamas Art

Wer kennt das Reisfleisch nicht aus seiner Kindheit? Du hast selten solch eine Leibspeise so einfach nachgekocht!

Zutaten für 3 Portionen:

- 300 g Putenfleisch

- 250 g Langkornreis
- 2 Zwiebeln
- 500 ml Gemüsebrühe
- 2 EL Tomatenmark
- 2 EL Paprika Pulver
- ½ TL getrockneter Majoran
- 1 EL Essig
- 1 EL Olivenöl
- 1 Lorbeerblatt
- Salz, Pfeffer
- 3 Esslöffel Schnittlauchröllchen

Zubereitung:

1. Die Zwiebeln schälen und in kleine Würfel schneiden.
2. Dann das Putenfleisch in größere Würfel schneiden.
3. Erhitze das Olivenöl in einem Topf, gib die Zwiebeln dazu und dünste diese glasig.
4. Dann gibst du die Putenwürfel dazu, würzt mit Salz und Pfeffer, und brätst sie rundherum an.
5. Den Reis dazugeben und kurz mitandünsten.
6. Vermische jetzt das Tomatenmark und das Paprikapulver im Topf, lass beides ganz kurz anrösten und lösche mit dem Essig ab.
7. Mit Gemüsebrühe ablöschen, Majoran und das Lorbeerblatt hinzufügen und alles kurz aufkochen lassen.

8. Nun bei geschlossenem Topfdeckel so lange köcheln lassen, bis keine Flüssigkeit mehr im Topf ist.
9. Fische das Lorbeerblatt aus dem Topf heraus, richte das Reisfleisch auf drei Tellern an und garniere alles mit Schnittlauchröllchen.

Sauerkraut-Pot mit Kasseler

Dieses Gericht braucht auch nicht mehr Zeit, als die anderen One Pot Gerichte. Der abgewandelte Klassiker lässt dein Herz höherschlagen! Durch den Apfelsaft schmeckt alles so schön fruchtig!

Zutaten für 3 Portionen

- 550 g Kartoffeln, festkochend
- 450 g Kasseler Fleisch
- 300 g Sauerkraut aus der Dose
- 250 ml Apfelsaft, naturtrüb
- 2 Zwiebeln
- 1 EL Butter
- 2 Lorbeerblätter
- 1 TL Kümmel
- Wasser
- Salz, Pfeffer

Zubereitung:

1. Schäle zunächst die Kartoffeln und schneide sie in mundgerechte Würfel.
2. Dann die Kartoffelwürfel in eine Schüssel geben und so viel kaltes Wasser einfüllen, bis die Kartoffeln komplett damit bedeckt sind.
3. Jetzt die Zwiebeln schälen, fein hacken und das Kasseler Fleisch ebenfalls in Würfel schneiden.
4. Das Sauerkraut gibst du in ein Küchensieb und lässt es abtropfen.
5. Bringe die Butter in einem Topf zum Schmelzen, dünste die Zwiebeln darin glasig.
6. Gieße das Wasser der Kartoffeln weg, gib die Kartoffelwürfel in den Topf und dünste sie 2 Minuten lang an.
7. Die Kasseler Würfel und das Sauerkraut kommen ebenfalls in den Topf.
8. Gieße den Apfelsaft und 350 ml Wasser dazu und lass alles aufkochen.
9. Mit den Lorbeerblättern und dem Kümmel würzen und alles bei mittlerer Wärmezufuhr 30 Minuten köcheln lassen.
10. Zum Schluss die Lorbeerblätter wieder aus dem Topf nehmen, mit Salz und Pfeffer abschmecken und servieren.

Schneller Linseneintopf

 Der traditionelle Linseneintopf raffiniert schnell und einfach gekocht. Das beeindruckt sogar Mutti!

Zutaten für 2 Portionen

- 150 g rote Linsen
- 100 g Speckwürfel
- ½ Stange Lauch
- 1 kleine Möhre
- 800 ml Fleischbrühe
- 2 EL Öl
- 2 Wiener Würstchen
- 1 TL Majoran, getrocknet
- 1 Lorbeerblatt
- Salz, Pfeffer
- etwas frische Petersilie

Zubereitung:

1. Als erstes den Lauch waschen und in feine Ringe schneiden.
2. Schäle die Möhre und würfele sie klein.
3. Erhitze das Öl in einem Topf und brate darin die Speckwürfel hellbraun an.

4. Gib die Linsen, Lauchringe und die Möhrenwürfelchen dazu und dünste sie kurz mit an.
5. Mit Fleischbrühe aufgießen, Majoran, Salz, Pfeffer und das Lorbeerblatt dazu geben, bei geschlossenem Deckel kurz aufkochen und anschließend bei mittlerer Wärmezufuhr 8 Minuten weiter köcheln lassen.
6. Währenddessen schneidest du die Wiener Würstchen in Scheiben und hackst die Petersilie fein.
7. Die Wurstscheiben gibst du für 2 Minuten noch zum Eintopf dazu und erwärmst sie.
8. Abschließend gibst du den Eintopf auf Suppenteller und streust die gehackte Petersilie darüber.

Spaghetti Carbonara

 Carbonara gehört mittlerweile auch zu den Klassikern, die gerne auf den heimischen Tischen verspeist wird. Als One Pot Gericht aber eine neue Variation.

Zutaten für 2 Portionen

- 400 g Spaghetti
- 100 g Schinkenwürfel
- 150 ml Sahne
- 3 Eigelb

- 30 g frisch geriebenen Parmesan
- Salz, Pfeffer

Zubereitung:

1. Zuerst kochst du die Spaghetti in einem großen Topf in ausreichend Salzwasser gar.
2. Gieße das Wasser ab und lass die Spaghetti im Topf.
3. In der Zwischenzeit verquirlst du die Eigelbe mit der Sahne in einer Schüssel, würzt mit etwas Salz und Pfeffer und gießt die Eiersahne über die Spaghetti.
4. Gib die Schinkenwürfel in den Topf, vermische alle Zutaten gut miteinander und lass alles bei mittlerer Wärmezufuhr warm werden.
5. Warte, bis die Eiersahne zu stocken beginnt, dann nimmst du die Spaghetti vom Herd.
6. Alles auf Tellern anrichten und mit Parmesan bestreuen.

Kartoffelsalat

Ja, du liest richtig: Kartoffelsalat schnell und einfach aus einem Topf gezaubert!
Der Klassiker für die schnelle Küche.

Zutaten für 2 Personen

- 500 g Kartoffeln

- 75 ml Brühe
- 1 Zwiebel
- ½ TL Senf
- 4 EL Öl
- etwas Zucker
- 1 EL Schnittlauch Röllchen

Zubereitung:

1. Die Kartoffeln schälen und in etwa 2 mm dicke Scheiben schneiden.
2. Dann die Zwiebel schälen und fein hacken.
3. Jetzt kommt die Brühe in einen breiten Topf. Lass sie einmal kurz aufkochen und gib dann die Zwiebel und Kartoffeln dazu.
4. Gut durchmischen, und bei kleiner Hitze sowie geschlossenem Topfdeckel etwa 15 Minuten garen lassen.
5. Abschließend mit Senf, Öl und einer Prise Zucker würzen.
6. Wie jeder gute Kartoffelsalat schmeckt dieses One Pot Rezept auch am besten, wenn der Salat gut durchziehen kann. Also ruhig eine Stunde Zeit lassen und dann genießen.
7. Mit den Schnittlauchröllchen garniert servieren.

Hackbraten

Und noch ein traditionelles Gericht:
Der Hackbraten neu interpretiert mit Ofengemüse!
Wer die Gemüsesorten aus dem Rezept nicht mag,
kann einfach tauschen!
Der Hackbraten braucht naturgemäß etwas länger,
eignet sich also hervorragend für einen gemütlichen
Sonntag mit viel Zeit.

Zutaten für 6 Portionen

- Hackbraten:
- 1 kg gemischte Hackfleisch
- 1 Brötchen, vom Vortag
- 2 Eier
- 1 Zwiebel
- 1 TL Tabasco
- 1 EL Tomaten Ketchup
- 1 TL Majoran, getrocknet
- Salz, Pfeffer
- Honig
- Ofengemüse:
- 1 Süßkartoffel
- 300 g Cherrytomaten
- 2 Fenchelknollen
- 2 rote Zwiebeln
- frischer Thymian
- Öl

Zubereitung:

1. Schneide das trockene Brötchen in kleine Würfel.
2. Weiche die Brötchenwürfel in ausreichend Wasser ein, drücke anschließend das überflüssige Wasser wieder aus.
3. Schäle die Zwiebel und würfele sie fein.
4. In einer großen Schüssel das Hackfleisch mit den Eiern, Tomatenketchup, Majoran, Tabasco, Zwiebel- und Brötchenwürfel vermischen und mit Salz und Pfeffer würzen.
5. Einen schönen Hackbratenlaib formen und in eine Auflaufform setzen.
6. Bei 180°C im vorgeheizten Backofen auf der mittleren Schiene insgesamt 70 Minuten lang backen.
7. In der Zwischenzeit das Gemüse vorbereiten: Alles was zu schälen ist, schälen oder Gemüse waschen und alles in mundgerechte Stücke schneiden.
8. Nach 30 Minuten holst du den Hackbraten aus dem Ofen und legst das Gemüse in die Auflaufform dazu.
9. Gemüse mit dem Öl beträufeln und mit Salz und Pfeffer würzen.
10. Den Hackbraten mit etwas flüssigem Honig bestreichen.
11. Lege die Thymianzweige dazu und schiebe die Auflaufform wieder in den Ofen zum Fertigbacken.

12. Zum Servieren das Gemüse auf Tellern verteilen, den Braten in Scheiben schneiden und auf die Teller geben.

Gulasch-Pot mit Kartoffeln

Eines dürfte klar sein: Ein echtes Gulasch braucht Zeit. Dieses Rezept beansprucht auch gute 1 ½ Stunden Garzeit für sich.
Wie gut, dass alles in einem Topf gart!

Zutaten für 2 Portionen

- 400 g Rindergulasch
- 500 g festkochende Kartoffeln
- 1 Dose stückige Tomaten
- 2 Zwiebeln
- 1 roten Paprika
- 200 ml Gemüsebrühe
- 1 EL Tomatenmark
- 1 EL Frischkäse
- 1 TL Senf
- 1 EL Öl
- 1 EL gehackter Rosmarin
- Salz, Pfeffer

Zubereitung:

1. Zuerst die Zwiebeln schälen und würfeln.
2. In einem Topf das Öl erhitzen und darin die Zwiebeln und das Gulaschfleisch für 5 Minuten anbraten.
3. Schwitze das Tomatenmark und den Rosmarin kurz darin an, lösche mit den Dosentomaten und der Brühe ab.
4. Lass das Gulasch nun 1 Stunde lang bei geschlossenem Topfdeckel bei geringer Wärmezufuhr köcheln.
5. In der Zwischenzeit schälst du die Kartoffeln und schneidest sie in mundgerechte Stücke.
6. Die Paprika wäschst du und würfelst sie ebenfalls.
7. Nach der Stunde Garzeit gibst du die Paprika und Kartoffeln in den Topf und lässt alles weitere 30 Minuten köcheln.
8. Schmecke zum Schluss das Gulasch mit Salz, Pfeffer, Senf und Frischkäse ab.

Nudel-Pot Stroganoff

Auch diesen Klassiker kann man als One Pot Gericht zubereiten.
Lass dich überraschen!

Zutaten für 4 Portionen

- 400 g Kalbsgeschnetzeltes
- 300 g Nudeln
- 200 g Champignons
- 3 große Gewürzgurken
- 1 Zwiebel
- 350 ml Gemüsebrühe
- 250 ml Sahne
- 175 g Kräuterfrischkäse
- 1 EL Öl
- Salz, Pfeffer
- frisch geriebenen Parmesan

Zubereitung:

1. Schneide die Gewürzgurken in Scheiben, putze die Champignons und schneide sie ebenfalls in Scheiben.
2. Als nächstes die Zwiebel schälen und würfeln.
3. Erhitze in einem Topf das Öl, gib das Fleisch dazu und würze mit Salz und Pfeffer.
4. Brate das Fleisch rundherum an, gib die Zwiebel dazu und dünste sie glasig an.
5. Dann löschst du mit Gemüsebrühe und Sahne ab, gibst die Nudeln, Gurken- und Champignonscheiben sowie den Frischkäse dazu und lässt alles kurz aufkochen.
6. Bei mittlerer Wärmezufuhr alles 10 Minuten köcheln lassen. Vergiss das gelegentliche Umrühren nicht!

7. Dann richtest du den Pot auf Tellern an und reibst frischen Parmesan darüber.

Schneller Erbseneintopf

 Da der traditionelle Erbseneintopf einfach zu lange braucht, gibt es hier die schnelle Variante.

Zutaten für 4 Portionen

- 1 kg tiefgekühlte Erbsen
- 500 g Kartoffeln
- 5 Möhren
- 1 ½ Liter Gemüsebrühe
- 4 Wiener Würstchen
- etwas Zucker
- etwas Petersilie
- Salz

Zubereitung:

1. Die geschälten Kartoffeln würfeln und die Möhren in Scheiben schneiden.
2. Dann in einem Topf die Brühe zum Kochen bringen, Erbsen, Kartoffeln und Möhren dazu

geben und alles etwa 30 Minuten kochen. Alle Zutaten sollen gar sein.

3. Mit Salz und etwas Zucker abschmecken.
4. Um die berühmte Sämigkeit des Erbseneintopfs hinzubekommen, nimmst du einen Teil des Eintopfs heraus und pürierst ihn mit dem Pürierstab.
5. Gib den pürierten Teil wieder zurück in den Topf und mische es gut unter.
6. Abschließend gibst du die gehackte Petersilie dazu und lässt die Wiener Würstchen im Eintopf warm werden.

Mit Fleisch

Lauch-Puten-Pot mit weißen Bohnen

Wer dieses Gericht noch etwas üppiger servieren möchte, reicht Vollkornbrot dazu.
Danach ist jeder satt und zufrieden!

Zutaten für 4 Portionen

- 500 g Putenbrust
- 400 g Lauch
- 400 ml Wasser
- 1 Dose (425 ml) weiße Riesenbohnen
- 1 Becher (200 g) Schmand
- 125 g Zuckerschoten
- 1-2 Knoblauchzehen
- 2 EL Öl
- 2 TL Instant-Gemüsebrühe
- Je 2 Stiele frischen Dill, Schnittlauch und Petersilie
- Salz, Pfeffer

Zubereitung:

1. Spüle die Bohnen aus der Dose in einem Küchensieb mit kaltem Wasser gut ab und lasse sie abtropfen.

2. Wasche den Lauch, die Zuckerschoten und die Putenbrust.
3. Schneide den Lauch in Ringe, die Zuckerschoten schneidest du mit schrägen Schnitten etwas kleiner.
4. Die Putenbrust wird in mundgerechte Würfel geschnitten.
5. Den Knoblauch schälen und fein hacken oder durch die Knoblauchpresse drücken.
6. Als nächstes das Öl in einem großen Topf erhitzen und die Putenwürfel darin 4 Minuten rundherum goldbraun anbraten und mit Salz und Pfeffer würzen.
7. Gib die Lauchringe und den Knoblauch in den Topf, brate alles weitere 3 Minuten lang an.
8. Dann das Ganze mit Wasser ablöschen, die Brühe einfüllen und alles kurz aufkochen lassen.
9. Jetzt die Bohnen und Zuckerschoten dazu geben und 3 Minuten mitköcheln.
10. In der Zwischenzeit wäschst du die Kräuter, schüttelst sie trocken und hackst sie fein.
11. Zum Schluss die Kräuter und den Schmand gut unter mischen und alles noch einmal unter Rühren kurz aufkochen lassen.

Kartoffeln mit Chorizo aus der Pfanne

 Für Liebhaber der würzigen Küche kommt
dieses spanisch angehauchte One Pot
Rezept gerade richtig!

Zutaten für 2 Personen:

- 4 Chorizo-Würste
- 500 g kleine Kartoffeln
- 100 g Bratpaprika
- 100 g saure Sahne
- 40 g entsteinte schwarze Oliven
- 1 EL Kapern
- 1 Knoblauchzehe
- 1 unbehandelte Zitrone, davon der Schalenabrieb
  und Saft einer Hälfte
- 2 EL Öl
- 4 Stiele frischer Petersilie
- rosenscharfes Paprikapulver, Kreuzkümmel, Salz
  und Pfeffer

Zubereitung:

1. Wasche die Kartoffeln und schneide sie in Viertel.
2. Erhitze das Öl in einer ausreichend großen Pfanne
   und gib die Chorizo hinein, brate diese ca. 5
   Minuten von beiden Seiten an, nimm die Wurst aus
   der Pfanne und stelle sie beiseite.

3. Gib die Kartoffelviertel in das Bratenfett in der Pfanne und brate sie 20 Minuten an, dabei immer wenden.
4. In der Zwischenzeit die Chorizo in mundgerechte Stücke schneiden
5. Als nächstes den Knoblauch schälen, fein hacken und die Bratpaprika in Ringe schneiden.
6. Vermische die saure Sahne mit ½ TL Paprika Pulver und 1 Messerspitze Kreuzkümmel, zu einem leckeren Dip, den du mit Salz und Pfeffer abrundest.
7. Schneide die Oliven in Ringe und vermische diese mit den Kapern und dem Zitronenabrieb.
8. Gib die Chorizo zusammen mit der Bratpaprika wieder in die Pfanne zu den Kartoffeln und lasse beides 3 Minuten mitbraten.
9. Mit Zitronensaft, Salz und Pfeffer würzen.
10. Bestreue dein Pfannengericht mit gewaschener, fein gehackter Petersilie und der Olivenmischung und reiche den Dip dazu.

Hähnchen und Spinat mit Quinoa

Die kleinen Samen der Quinoa Pflanze sind zu Recht als Superfood bekannt.
In den leckeren Nüsschen steckt jede Menge gesundes Eiweiß und sie enthalten eine ordentliche Portion an Aminosäuren und Mineralien!

Zutaten für 4 Personen

- 4 Hähnchenbrüste
- 130 g Quinoa
- 150 g Champignons
- 1 Zwiebel
- 300 ml Hühnerbrühe
- 200 g Spinat
- 2 EL Olivenöl
- 1 Zweig Rosmarin, Nadeln fein hacken
- Salz, Pfeffer, Paprikapulver

Zubereitung:

1. Die Zwiebel würfeln und die Hähnchenbrust in Streifen schneiden.
2. Gib die Fleischstreifen mit 1 EL Öl vermischt in eine Schüssel, würze sie mit Rosmarin, Paprika und Salz und vermische alles gut miteinander.
3. Putze die Champignons und schneide sie ebenfalls in Streifen.
4. Erhitze 1 EL in einem Topf, brate das Hähnchenfleisch bei mittlerer Hitze rundherum an und nehme es aus dem Topf.
5. Schwitze im Topf jetzt die Zwiebel und Champignons etwa 5 Minuten lang an.
6. Gib Quinoa und die Hühnerbrühe in den Topf, lass alles aufkochen und bei mittlerer Wärmezufuhr 15 Minuten köcheln.

7. Gib das Hähnchen wieder dazu und lass alles weitere 15 Minuten schmoren.
8. Gib gegen Ende der Garzeit den Spinat in den Topf dazu und lass ihn etwa drei Minuten ziehen.
9. Servieren und genießen.

Bandnudeln mit Serrano-Schinken

Zugegeben, dieses Gericht ist etwas reichhaltiger und kommt nicht gerade aus der Diätküche. Aber die Nudeln werden dir auf der Zunge zergehen!

Zutaten für 4 Portionen

- 500 g Bandnudeln
- 200 g Serrano-Schinken in Scheiben
- 400 ml Sahne
- 150 g frisch geriebener Parmesan
- frisch geriebene Muskatnuss

Zubereitung:

1. Schneide zuerst den Fettrand des Schinkens weg.
2. Dann schneidest du die Schinkenscheiben in Streifen, damit sie etwa so breit wie die Bandnudeln sind.

3. Gib die Sahne in eine Pfanne und lass sie aufkochen, dann die Nudeln dazu, damit sie darin garen.
4. Sollten die Nudeln noch nicht gar sein, wenn die Sahne verkocht ist, dann gib noch etwas Wasser dazu.
5. Würze die Nudeln mit Muskat und ziehe die Schinkenstreifen darunter.
6. Auf Tellern anrichten und mit Parmesan bestreuen.

# Reis in Weinsoße mit Hähnchen und Brokkoli

Geht ganz schnell und ist gesund. Raffiniert durch den Wein!

Zutaten für 4 Portionen

- 400 g Hähnchenbrust
- 500 g Brokkoli
- 200 g Reis
- 100 ml trockener Weißwein
- 1 Zwiebel
- 1 Knoblauchzehe
- 3 EL Öl
- 2 TL Instant-Hühnerbrühe

- Salz, Pfeffer
- Basilikumblättchen

Zubereitung:

1. Schäle die Zwiebel und den Knoblauch und hacke beides fein.
2. Schneide die Hähnchenbrust in Streifen.
3. Dann erhitzt du das Öl in einem Topf und brätst die Hähnchenstreifen darin rundherum goldbraun an.
4. Würze das Fleisch mit Salz und Pfeffer, nimm es aus dem Topf und stelle es beiseite.
5. Nun gibst du Zwiebeln, Knoblauch und den Reis in den Topf und brätst alles im Bratenfett an.
6. Mit dem Weißwein und 500 ml Wasser ablöschen.
7. Jetzt die Instantbrühe darunter rühren, alles einmal aufkochen lassen und bei mittlerer Wärmezufuhr etwa 5 Minuten köcheln.
8. In der Zwischenzeit den Brokkoli in kleine Röschen zerteilen, waschen, zusammen mit den Hähnchenstreifen in den Topf geben und alles noch weitere 5 Minuten weiterköcheln lassen.
9. Abschließend mit Salz und Pfeffer würzen.
10. Richte den Pot auf Tellern an und garniere mit den frischen Basilikumblättchen.

Hack-Pot mit Nudeln und Gemüse

 Verwende für dieses Gericht möglichst kleine, dünne Nudeln, dann passt auch die Garzeit.

Zutaten für 4 Portionen

- 700 g gemischtes Hackfleisch
- 150 g Nudeln
- 200 g Champignons
- 2 kleine Zucchini
- 1 Dose Mais
- 200 g saure Sahne
- 3 EL Tomatenmark
- 5-6 TL Speisestärke
- 125 ml Gemüsebrühe
- 3 EL Öl
- 2 EL Schnittlauch Röllchen
- etwas Petersilie
- Salz, Pfeffer

Zubereitung:

1. Die Zucchini kalt abwaschen und in Scheiben schneiden.
2. Die Champignons putzen und je nach Größe halbieren oder vierteln.

3. Erhitze in einem Topf das Öl, gebe Zucchini und Pilze dazu, würze mit Salz und Pfeffer, brate beides kurz an und nehme beides wieder aus dem Topf.
4. Jetzt das Hackfleisch in dem Bratenfett krümelig anbraten, das Tomatenmark unterrühren und mit der Gemüsebrühe ablöschen.
5. Kurz aufkochen lassen, die Wärmezufuhr reduzieren und die Nudeln untermengen.
6. Lass sie 8-10 Minuten, je nach Nudelart, köcheln.
7. In der Zwischenzeit lässt du den Mais aus der Dose in einem Sieb gut abtropfen und verrührst die Speisestärke mit ein wenig Wasser.
8. Rühre die verflüssigte Speisestärke gut im Topf unter, gib den Mais, Zucchini und Pilze dazu, lass alles noch einmal kurz aufkochen und schmecke mit Salz und Pfeffer ab.
9. Nun rührst du noch die saure Sahne und die Schnittlauchröllchen unter und richtest das Essen auf Tellern an.
10. Garniere mit frischen Petersilienblättchen.

Feuriger Rindfleisch-Pot mit Chili

Für alle, die netten Besuch erwarten.
Mit frischem Baguette und einer Schüssel grünem Salat werden die Herzen höherschlagen.

Zutaten für 8 Portionen

- 1500 g Rindergulasch
- 1 Dose stückige Tomaten
- 2 rote Paprikaschoten
- 5 Zwiebeln
- 1 Knoblauchzehe
- 2 Chilischoten
- 2 Dosen weiße Bohnen
- 1 Bund Frühlingszwiebeln
- 2 Becher Schmand
- 1 Bund Suppengrün
- 4 EL Öl
- 1 TL Pfefferkörner
- 2 Gewürznelken
- 1 Lorbeerblatt
- etwas frischen Thymian
- etwas frische Petersilie
- etwas Chilipulver
- Salz, Pfeffer

Zubereitung:

1. Wasche, schäle oder putze das Suppengrün und schneide alles in grobe Würfel.
2. Schäle eine Zwiebel und halbiere sie.
3. Dann den Knoblauch schälen und zerdrücken.
4. Alles zusammen mit dem Thymian und Petersilienblättchen in einen Topf geben, mit 1250 ml Wasser aufgießen und einmal aufkochen.

5. Nun das Lorbeerblatt, die Pfefferkörner, 1 TL Salz und die Nelken in den Topf geben und alles bei mittlerer Wärmezufuhr 30 Minuten köcheln lassen. Die so entstandene Brühe brauchst du gleich.
6. Gieße die Brühe durch ein Sieb ab. In der Zwischenzeit schälst du die restlichen 4 Zwiebeln und würfelst sie.
7. In einem großen Topf das Öl erhitzen und darin das Fleisch portionsweise rundherum kräftig anbraten.
8. Dann die Zwiebelwürfel mit anbraten, mit Salz und Chilipulver würzen, die Tomaten aus der Dose dazu schütten und mit deiner selbst hergestellten Brühe ablöschen.
9. Lass den Pot einmal aufkochen und bei geringer Wärmezufuhr 2 Stunden weiterköcheln. Nicht vergessen: Ab und zu umrühren!
10. Wasche die Paprika und Chilischoten, entferne die Kerne und würfele die Paprika. Die Chili schneidest du in Ringe.
11. Gieße die Bohnen aus der Dose in ein Sieb und spüle sie mit kaltem Wasser ab.
12. Gib die Chili und Paprika 30 Minuten vor Ende der Garzeit in den Topf und lass sie mit köcheln.
13. Abschließend kommen die Bohnen 10 Minuten vor Ende der Garzeit dazu.
14. Wasche die Frühlingszwiebel und schneide sie in Ringe.
15. Lege ein paar Ringe zur Seite, der Rest kommt in den Topf.

16. Rühre den Schmand in den Pot, schmecke mit Salz und Pfeffer ab und streue zur Deko die beiseitegelegten Frühlingszwiebelringe darüber.

Gnocchi-Pot mit Spinat und Merguez

 One Pot Gerichte funktionieren auch mit Gnocchi!
Mit den fertigen Gnocchi aus dem Kühlregal ist dieses Rezept ein Blitzrezept und der Hunger schnell gestillt.

Zutaten für 4 Portionen

- 500 g Gnocchi
- 400 g Merguez
- 200 g junger Blattspinat
- 1 Glas Röstpaprika
- 2 Zwiebeln
- 400 ml Geflügelfond
- 200 g Sahne
- 1 EL Olivenöl
- Salz, Pfeffer

Zubereitung:

1. Wasche und putze den Spinat, lass ihn gut abtropfen, hacke die Blätter danach grob klein.

2. Die Zwiebel schälen und würfeln.
3. Schneide die Merguez in Scheiben.
4. Lass die Röstpaprika gut abtropfen und schneide sie dann klein
5. Dann erhitzt du das Öl in einem Topf und brätst, darin die Wurstscheiben etwa 5 Minuten lang an.
6. Gib die Zwiebel dazu und brate sie 3 Minuten mit.
7. Lösche mit dem Geflügelfond und 600 ml Wasser ab, bringe alles zum Aufkochen.
8. Gib die Paprika, Gnocchi und Sahne in den Topf, lass alles noch einmal aufkochen, dann bei geringer Wärmezufuhr 5 Minuten leise köcheln lassen.
9. Rühre 2 Minuten vor Ende der Garzeit den Spinat unter und würze alles mit Salz und Pfeffer.

Hähnchen-Nudel-Pot

Ein einfach zuzubereitendes Gericht. Das gelingt jedem! Nur das Umrühren nicht vergessen. Wenn Kinder mitessen, ersetze den Weißwein einfach durch Brühe.

Zutaten für 4 Portionen

- 400 g Hähnchenbrustfilet
- 350 g Nudeln
- 150 g Champignons

- 1 rote Paprika
- 300 g stückige Tomaten aus der Dose
- 1 Zwiebel
- 3 Knoblauchzehen
- 750 ml Hühnerbrühe
- 250 ml Weißwein
- 1-2 EL gemischte Kräuter der Provence
- frische Basilikumblätter
- Salz, Pfeffer
- Parmesan

Zubereitung:

1. Zwiebel und Knoblauch schälen und fein hacken
2. Paprika waschen, entkernen und in Würfel schneiden.
3. Nun die Champignons putzen und in Scheiben schneiden.
4. Das Hähnchenbrustfilet in Stücke schneiden.
5. Gib das Geschnippelte und die Nudeln in einen großen Topf, gieße die Brühe und den Wein dazu und bringe alles zum Kochen.
6. Lass dann alles bei geringer Wärmezufuhr ohne Topfdeckel 10 Minuten köcheln. Immer wieder umrühren.
7. Probiere die Nudeln: Sind sie noch nicht gar? Dann gib etwa 50 ml Wasser dazu und lass es weiter köcheln.

8. Schmecke mit Salz und Pfeffer ab und richte alles auf Tellern an. Reibe den Parmesan frisch darüber und garniere mit frischen Basilikumblättchen.

Couscous-Pot mit Pute und Rucola

Couscous in Verbindung mit dem nussigen Rucola und fein gewürztem Putenfleisch – einfach nur lecker!

Zutaten für 2 Portionen

- 300 g Putenbrust
- 100 g Couscous
- 50 g Rucola
- 150 ml Hühnerbrühe
- 1 rote Zwiebel
- 1 EL Öl
- edelsüßes Paprikapulver
- Salz, Pfeffer

Zubereitung:

1. Schäle die Zwiebel und schneide sie klein.
2. Wasche den Rucola und lass ihn gut abtropfen.
3. Schneide die Putenbrust in Würfel.
4. Erhitze in einem breiten Topf oder einer Pfanne das Öl und brate die Fleischwürfel darin rundherum etwa 5 Minuten lang an.
5. Gib die Zwiebeln dazu und brate sie 3 Minuten mit an.
6. Gieße die Brühe in die Pfanne oder den Topf, lass alles einmal aufkochen, dann bei geringer Wärmezufuhr und geschlossenem Deckel 10 Minuten köcheln lassen.

7. Nimm das Fleisch aus der Pfanne und stelle es warm.
8. Gib den Couscous in die Pfanne und lasse ihn 5 Minuten quellen.
9. Mit Salz, Pfeffer und Paprikapulver abschmecken, das Fleisch wieder in die Pfanne geben, den Rucola darunter heben und servieren.

Spaghetti mit Hackbällchen

Dieses One Pot Gericht schmeckt Groß und Klein. Und ist dabei so einfach!

Zutaten für 4 Portionen

- 400 g gemischtes Hackfleisch
- 200 g Spaghetti
- 2 Dosen stückige Tomaten
- 1 Zwiebel
- 1 Knoblauchzehe
- 400 ml Fleischbrühe
- 1 Ei
- 2 EL Olivenöl
- 3 EL Semmelbrösel
- 5 EL Sahne
- rosenscharfes Paprikapulver
- Salz, Pfeffer

- frische Basilikumblättchen
- Parmesan

Zubereitung:

1. Zuerst die Zwiebel und den Knoblauch schälen und klein hacken.
2. Das Öl in einem Topf erhitzen und Knoblauch und Zwiebel darin glasig anschwitzen.
3. Gib die Tomaten, Fleischbrühe, Salz und Pfeffer dazu und lass alles bei geringer Wärmezufuhr leise köcheln.
4. In der Zwischenzeit das Hackfleisch mit dem Ei, Sahne, Semmelbrösel, Salz und Paprikapulver gründlich verkneten.
5. Aus dieser Hackmasse formst du etwa 24 kleine Hackbällchen.
6. Gib die Spaghetti und die Hackbällchen zu der Tomatensoße in den Topf und lass alles bei geschlossenem Deckel 15 Minuten lang schmoren.
7. Umrühren nicht vergessen!
8. Richte alles auf Tellern an, reibe den Parmesan darüber und dekoriere mit den frischen Basilikumblättchen.

Süßkartoffel mit Hähnchen im Schmortopf

Achtung:
Wenn du dieses Gericht nachkochen möchtest, brauchst du einen Topf oder eine Pfanne, die in den Backofen darf!

Zutaten für 4 Portionen

- 4 Hähnchenbrustfilets
- 1 ½ Süßkartoffel
- 2 Bio-Zitronen
- 5 Knoblauchzehen
- 2 EL Rosmarin Nadeln
- 3 EL Öl
- Salz und Pfeffer

Zubereitung:

1. Heize den Backofen auf 200°C vor.
2. Schäle die Süßkartoffeln und schneide sie mit einem scharfen Messer in mundgerechte Stücke.
3. Eine Zitrone waschen und in Scheiben schneiden, aus der anderen Zitrone den Saft auspressen.
4. Jetzt den Knoblauch schälen und fein schneiden.
5. Erhitze in einer backofengeeigneten Pfanne oder Topf das Öl, lege die Filets hinein und würze sie von beiden Seiten mit Salz und Pfeffer.

6. Lege die Süßkartoffelwürfel ebenfalls in die Pfanne und brate alles 4-5 Minuten rundherum an.
7. Nimm die Pfanne vom Herd, gieße den Zitronensaft dazu, streue die Rosmarinnadeln aus und verteile den Knoblauch.
8. Am Schluss kommen noch die Zitronenscheiben obenauf.
9. Schiebe die Pfanne nun in den vorgeheizten Ofen und lass dein Gericht 30-35 Minuten braten.

Mit Fisch und Meeresfrüchten

Thunfisch-Nudel-Pot

Ein One-Pot-Rezept, das seine Beschreibung als kinderleichtes Kochen wirklich verdient hat. Einfacher und schneller geht es wohl nicht.

Zutaten für 3 Portionen

- 250 g Nudeln
- 2 Dosen Thunfisch
- ½ Becher saure Sahne
- 1 Dose passierte Tomaten
- 550 ml Gemüsebrühe
- 1 Schuss Weißwein
- 1 Zwiebel
- 1 Knoblauchzehe
- 1 EL Tomatenmark
- frische Basilikumblätter
- 125 g geriebenen Mozzarella
- Salz, Pfeffer

Zubereitung:

1. Schäle zunächst die Zwiebel und den Knoblauch, hacke beides fein.
2. Gib nun alle Zutaten, außer Basilikumblätter und den Mozzarella, in den Topf.
3. Lass alles aufkochen und mit geschlossenem Deckel 12 Minuten bei mittlerer Wärmezufuhr köcheln.
4. Immer wieder umrühren!
5. Richte alles auf Tellern an, gib den Käse darüber und garniere mit Basilikumblättchen.

Reisnudel-Zucchini-Pot mit Garnelen

 Durch die Kokosmilch und die Reisnudeln bekommt dieses Gericht einen asiatischen Touch.

Zutaten für 2 Portionen

- 200 g Reisnudeln
- 250 g Zucchini
- 120 g tiefgekühlte Riesengarnelen
- 1 Bund Frühlingszwiebeln
- 20 g Ingwer
- 1 Knoblauchzehe
- ½ Bio-Limette
- 100 g Babyspinat

- 100 ml Kokosmilch
- 3 EL Fisch Soße
- Salz, Pfeffer
- etwas frischen Koriander

Zubereitung:

1. Die Zucchini waschen und in grobe Würfel schneiden.
2. Dann die kalt abgespülte Frühlingszwiebel in Ringe schneiden.
3. Schäle den Knoblauch und den Ingwer und hacke beides fein.
4. Von der gewaschenen Limettenhälfte schneidest du 2 Scheiben ab.
5. Gib die Nudeln, Zucchini, Frühlingszwiebeln, Knoblauch, Ingwer und die Limettenscheiben in einen Topf.
6. Gieße die Kokosmilch und die Fischsoße sowie 500 ml Wasser dazu.
7. Mit ½ TL Salz lässt du das Ganze aufkochen bei mittlerer Wärmezufuhr 5 Minuten weiter köcheln.
8. Mische die noch gefrorenen Garnelen unter und lass alles nochmals 5-7 Minuten garen.
9. Zwischendurch umrühren.
10. Wasche in der Zwischenzeit den Spinat und schüttele ihn trocken.
11. Wenn die Nudeln gar sind, hebst du den Spinat unter.

12. Entsafte das übrig gebliebene Limettenstück, gib den Saft in den Topf und schmecke mit Salz und Pfeffer ab.

Nudel-Miesmuschel-Pot

Muscheln sind nicht jedermanns Geschmack. Aber alle, die Muscheln mögen, werden dieses einfache Rezept lieben.

Zutaten für 3 Portionen

- 250 g Nudeln
- 500 g Miesmuscheln mit Schale
- 1 Zwiebel
- 1 Knoblauchzehe
- 1 Chili
- 400 g Tomaten
- ½ Bund Basilikum
- Pfeffer, Salz

Zubereitung:

1. Bringe zunächst in einem großen Topf Salzwasser zum Kochen.
2. Schau dir die Muscheln genau an und gib nur die geschlossenen Muscheln in den Topf, die geöffneten sortiere bitte aus.

3. Lass die Muscheln 7 Minuten kochen, gieße sie ab und stelle sie beiseite.
4. In der Zwischenzeit wäschst du die Tomaten, entfernst den Strunk und würfelst sie.
5. Schäle die Zwiebel und den Knoblauch, hacke beides fein.
6. Wasche das Basilikum und schüttele es trocken, die Hälfte hackst du klein.
7. Wasche die Chilischote, entferne die Kerne und schneide sie in feine Ringe.
8. Gib jetzt in den Topf 1300 ml Wasser, etwas Salz, Zwiebel und Knoblauch, Chili, Tomaten und das gehackte Basilikum.
9. Lass alles aufkochen und lass alles bei mittlerer Wärmezufuhr 12 Minuten köcheln.
10. In der Zwischenzeit löst du die Muscheln aus der Schale.
11. Mische die Muscheln zu den Nudeln, schmecke mit Salz und Pfeffer ab und richte auf Tellern an.
12. Mit dem restlichen Basilikum garnieren.

Gurken-Lachs-Pot

Erfrischend, einfach, lecker. Ein ideales Essen für heiße Sommertage. Dazu passt prima frisches Ciabatta!

Zutaten für 2 Portionen

51

- 250 g Lachsfilet
- 1 Salatgurke
- 1 rote Zwiebel
- 125 ml Gemüsebrühe
- 125 ml Sahne
- 1 EL Öl
- etwas frischen Dill
- Salz, Pfeffer

Zubereitung:

1. Schäle die Gurke und schneide sie der Länge nach durch.
2. Kratze mit einem Löffel die Kerne heraus.
3. Schneide das Gurkenfleisch in grobe Stücke.
4. Dann die Zwiebel schälen und kleinschneiden.
5. Schneide das Lachsfilet in mundgerechte Würfel.
6. Jetzt das Öl in einer Pfanne erhitzen, die Lachswürfel darin rundherum hellbraun anbraten und mit Salz und Pfeffer würzen.
7. Nimm den Lachs aus der Pfanne und stelle ihn beiseite.
8. Dünste die Zwiebelwürfel in der Pfanne glasig an, gib die Gurkenstücke dazu und lass diese 2 Minuten mitdünsten.
9. Gieße die Gemüsebrühe und Sahne in die Pfanne, lass sie aufkochen und 4 Minuten bei mittlerer Wärmezufuhr köcheln.
10. Gib den Lachs zurück in die Pfanne, lass alles nochmals 2 Minuten dünsten.

11. Zum Schluß mit Salz und Pfeffer abschmecken, und vor dem Servieren mit etwas grob gehacktem Dill garnieren.

Nudel-Pot alla Puttanesca

 Ein außergewöhnliches Rezept für Liebhaber der mediterranen Küche. Lass dich von der Pasta in den Süden versetzen!

Zutaten für 4 Personen

- 500 g Nudeln
- 500 g Tomaten
- 100 g entsteinte schwarze Tomaten
- 7 Sardellenfilets
- 3 EL Kapern
- 2 getrocknete Peperoni
- 2 Knoblauchzehen
- 1 Zitrone
- 100 ml Weißwein
- ½ Bund Basilikum
- Salz, Pfeffer
- frisch geriebenen Parmesan

Zubereitung:

1. Die Tomaten waschen, den Strunk entfernen und in Würfel schneiden.
2. Die Peperoni schneidest du in kleine Streifen.
3. Schäle die Knoblauchzehen und hacke sie fein.
4. Wasche das Basilikum, schüttele ihn trocken, zupfe die Blätter ab und hacke diese klein.
5. Jetzt die Sardellenfilets in Streifen und die Oliven in Scheibchen schneiden.
6. Lass in einem Topf 400 ml Wasser aufkochen, gib sämtliche Zutaten, außer dem Parmesan, dazu.
7. Dann alles bei mittlerer Wärmezufuhr und geschlossenem Topfdeckel zehn Minuten köcheln lassen.
8. Zwischendurch immer mal wieder umrühren.
9. Entsafte die Zitronenhälfte und gib etwas davon in den Topf.
10. Mit Salz und Pfeffer würzen.
11. Richte den Nudelpot auf Tellern an und reibe frischen Parmesan darüber.

Reis-Seelachs-Pot

Der magere Seelachs liefert reichhaltig Omega-3-Fettsäuren, viel Protein und Mineralstoffe, hervorzuheben wäre hier das Jod.
Da greift man doch gerne zu!

Zutaten für 2 Portionen

- 100 g Natur-Langkornreis
- 250 g Seelachsfilet
- ½ Stange Lauch
- 2 Tomaten
- 50 g tiefgekühlte Erbsen
- 1 Bio-Zitrone
- 1 Knoblauchzehe
- 1 EL Öl
- 2 TL edelsüßes Paprikapulver
- 1 EL gehackte Petersilie
- Salz, Pfeffer

Zubereitung:

1. Zuerst den Lauch waschen und in Streifen schneiden.
2. Knoblauch schälen, fein schneiden.
3. Die Tomaten waschen, den Strunk entfernen und in kleine Würfel schneiden.
4. Wasche die Zitrone, schneide sie in der Mitte durch. Eine Hälfte entsaftest du, die andere Hälfte schneidest du in Schnitze und legst sie beiseite.
5. Erhitze das Öl in einem Topf, dünste darin den Lauch und Knoblauch an.
6. Gib dann die Erbsen und den Reis dazu und schwitze beides unter Rühren 1 Minute an.
7. Dann kommen die Tomatenstückchen in den Topf, dünste diese 2 Minuten lang an.

8. Mit 350 ml heißem Wasser ablöschen und dann den Zitronensaft zufügen.

9. Würze mit Salz, Pfeffer und Paprikapulver.

10. Lass den Reis zusammen mit dem Gemüse mit geschlossenem Topfdeckel bei geringer Wärmezufuhr 20 Minuten unter gelegentlichem Umrühren köcheln.

11. Wasche in der Zwischenzeit den Seelachs, tupfe ihn trocken und schneide aus dem Filet mundgerechte Würfel.

12. Gib die Fischwürfel in den Topf und lasse sie 5 Minuten mit garen.

13. Schmecke mit Salz und Pfeffer ab, richte auf Tellern an, streue Petersilie auf den Reis und garniere mit den Zitronenschnitzen.

Räucherlachs-Spaghetti-Pot

Einen besonderen Geschmack zaubern würziger Räucherlachs und zarter Babyspinat in dieses cremige One Pot Gericht.

Zutaten für 2 Portionen

- 250 Spaghetti
- 200 g Räucherlachs
- 150 g Baby
- 1 Zwiebel

- 1 Knoblauchzehe
- 100 ml Weißwein
- 100 ml Sahne
- 300 ml Gemüsebrühe
- ½ Biozitrone, davon der Schalenabrieb
- Salz, Pfeffer
- frisch geriebener Parmesan

Zubereitung:

1. Wasche den Spinat und lass ihn gut abtropfen.
2. Schäle die Zwiebel und Knoblauch, hacke beides klein.
3. Den Räucherlachs schneidest du in Streifen.
4. Gieße in einen Topf Sahne, Weißwein und Gemüsebrühe und gib die Nudeln, Zwiebeln und Knoblauch dazu.
5. Bringe alles unter Rühren zum Kochen und lass es mit geschlossenem Topfdeckel und mittlerer Wärmezufuhr 6 Minuten köcheln.
6. Zwischendurch immer wieder umrühren.
7. Dann gibst du den Räucherlachs in den Topf und lässt alles weiter dünsten, bis die Nudeln gar sind.
8. Hebe nun den Babyspinat unter und schmecke mit der Zitronenschale, Salz und Pfeffer ab.
9. Richte auf tiefen Tellern an und gib frisch geriebenen Parmesan über die Spaghetti.

Couscous-Garnelen-Pot

 Blitzschnell auf den Tisch: Nur zwanzig Minuten brauchst du für dieses wunderbare Gericht, versprochen!

Zutaten für 2 Portionen

- 150 g Instant-Couscous
- 200 g Garnelen
- 200 g Kirschtomaten
- 2 Knoblauchzehen
- 1 rote Chili
- 2 EL Granatapfel Sirup
- 1 Prise Zimt
- 250 ml Gemüsebrühe
- 2 EL Öl
- etwas frischen Koriander
- Salz, Pfeffer

Zubereitung:

1. Schäle den Knoblauch und schneide ihn klein.
2. Wasche die Chilischote, entferne die Kerne und schneide sie in kleine Stücke oder Streifen.
3. Wasche die Tomaten und halbiere sie.
4. Wasche den Koriander, schüttele ihn trocken und hacke ihn grob. Erhitze in einer Pfanne das Öl und brate darin die Garnelen etwa 3 Minuten lang an.

5. Gib den Knoblauch und Chili hinzu und brate beides 2 Minuten an.
6. Dann fügst du die Tomaten und etwas Koriander hinzu und lässt alles 3 Minuten mitbraten.
7. Gib den Couscous in die Pfanne, röste ihn ganz kurz an.
8. Danach mit dem Granatapfelsirup und der Gemüsebrühe ablöschen.
9. Lass den Couscous 5 Minuten quellen. Dann schmeckst du mit Zimt, Salz und Pfeffer ab.
10. Richte auf Tellern an und streue den Rest des Korianders darüber.

Nudel-Shrimps-Pot

 Wenig Aufwand, wenig Zeit, wenig Zutaten: So einfach kann leckeres Essen sein!

Zutaten für 4 Portionen

- 500 g Nudeln
- 500 g Cherrytomaten
- 100 g Shrimps
- 1 Knoblauchzehe
- 1 Zwiebel
- 500 ml Gemüsebrühe
- 3 EL Öl

- etwas frisch gehackten Basilikum
- 1 Prise Chilipulver
- Salz, Pfeffer

Zubereitung:

1. Die Zwiebel und den Knoblauch schälen und beides fein hacken.
2. Wasche die Tomaten und halbiere sie.
3. Gib alle Zutaten, außer den Basilikum, in den Topf, lass alles einmal aufkochen und dann 15 Minuten bei geringer Wärmezufuhr köcheln.
4. Richte auf Tellern an und garniere mit dem Basilikum.

Calamari-Pot

Das Rezept mit dem Tintenfisch braucht etwas Zeit auf dem Herd. Nichts für den Alltag. Lässt sich aber gut vorbereiten, gerade wenn du Besuch erwartest! Schneide dazu frisches Baguette auf und bereite einen grünen Salat zu, dann kannst du dich und deine Gäste verwöhnen.

Zutaten für 4 Portionen

- 600 g küchenfertige Tintenfische
- 1 Dose passierte Tomaten

- 4 Tomaten
- 2 Zwiebeln
- 2 Knoblauchzehen
- 100 g grüne Oliven
- 1 kleines Glas Kapern
- 300 ml Fleischbrühe
- 200 ml Weißwein
- 1 Prise Zucker
- 1 Bund Estragon
- Salz, Pfeffer

Zubereitung:

1. Schneide die Tintenfische klein.
2. Schäle die Zwiebeln und den Knoblauch, schneide beides in kleine Würfel.
3. Erhitze das Öl in einem Topf, brate darin die Tintenfische kurz an, gebe Zwiebel- und Knoblauchwürfel dazu und dünste sie kurz an.
4. Jetzt kommen die passierten Tomaten, Oliven und Kapern dazu, gieße den Weißwein und die Brühe mit in den Topf.
5. Schmecke mit Salz, Pfeffer und Zucker ab und lass alles bei geschlossenem Topfdeckel und bei mittlerer Wärmezufuhr 1 Stunde lang köcheln.
6. In der Zwischenzeit wäschst du den Estragon, schüttelst ihn trocken und hackst ihn klein.
7. Die Tomaten ebenfalls waschen, den Strunk entfernen und in kleine Würfel schneiden.

8. Gib die Tomaten zehn Minuten vor Garzeitende in den Topf.
9. Zum Schluss mischst du noch den gehackten Estragon unter und richtest das Essen auf Tellern an.

Vegetarisch

Linsen-Pot mit Feta

Der vegetarische Pot ist griechisch angehaucht und schmeckt nicht nur im Sommer überraschend anders!

Zutaten für 3 Portionen

- 300 g Belugalinsen
- 2 Paprikaschoten
- 2 kleine Zucchini
- 2 Zwiebeln
- eine Handvoll Cherrytomaten
- 2 Knoblauchzehen
- 600 ml Gemüsebrühe
- 150 g Fetakäse
- ½ TL Ahorn Sirup
- 5-6 Zweige frische Minze
- 1 Bund Petersilie
- Salz, Pfeffer

Zubereitung:

1. Wasche die Zucchini und Paprika und schneide sie in kleine Würfel.

2. Die Zwiebeln und den Knoblauch schälen und klein schneiden.
3. Dann die Kräuter waschen, trocken schütteln und klein hacken.
4. Die Cherrytomaten waschen und vierteln und den Feta zerbröseln.
5. Gib nun Zwiebeln, Knoblauch, Paprika, Zucchini, Tomaten und die Linsen zusammen mit der Brühe in einen Topf und bringe alles unter Rühren zum Kochen.
6. Reduziere die Wärmezufuhr und lass das Gericht bei geschlossenem Topfdeckel 30 Minuten köcheln, dabei immer wieder umrühren.
7. Schmecke abschließend mit Salz, Pfeffer und Ahornsirup ab, richte die Linsen auf Tellern an, streue Minze, Petersilie und Feta darüber.

Nudel-Pot mit Pfifferlingen

Pfiffig und cremig, was will man mehr?
Übrigens, Pfifferlinge vertragen viel Pfeffer, sei also nicht zu sparsam beim Würzen!

Zutaten für 4 Portionen

- 350 g Nudeln
- 300 g Pfifferlinge

- 100 g Sahne
- 2 EL Tomatenmark
- 1 Zwiebel
- 2 Knoblauchzehen
- 2 EL Olivenöl
- 3-4 TL Instant-Gemüsebrühe
- 1 EL frische Rosmarinnadeln
- edelsüßes Paprikapulver
- Salz, Pfeffer
- Parmesan

Zubereitung:

1. Putze die Pfifferlinge und schneide sie in mundgerechte Stücke.
2. Schäle die Zwiebel und Knoblauch, hacke beides klein.
3. Die Rosmarinnadeln etwas klein hacken.
4. Nun das Öl in einem Topf erhitzen und die Pfifferlinge kurz kräftig darin anbraten, würze mit Salz und Pfeffer.
5. Gib die Zwiebel und den Knoblauch dazu und brate sie einen Moment mit an.
6. Dann fügst du das Tomatenmark hinzu, schwitzt es kurz mit an und löschst alles mit 900 ml Wasser ab.
7. Als letztes die Sahne darunter rühren.
8. Lass alles aufkochen, gib die Nudeln in den Topf, rühre die Instant-Gemüsebrühe und etwas Paprikapulver ein.

9. Lass alles bei mittlerer Wärmezufuhr etwa 25 Minuten köcheln. Immer wieder umrühren, damit nichts anbrennt.
10. Auf Tellern mit frischem Parmesan bestreut servieren.

Mexikanischer Reis-Pot

Reis mit Gemüse und Käse aus einem Topf. Klingt doch gut, oder?

Zutaten für 4 Portionen

- 300 g Reis
- 1 Zucchini
- 1 Paprika
- 1 Zwiebel
- 1 Knoblauchzehe
- 200 g Mais aus der Dose
- 1 EL Tomatenmark
- 700 ml Gemüsebrühe
- 100 g geriebener Gouda
- 100 g Creme Fraiche
- 1 EL Öl
- 1 Prise Zimt
- 1 Prise Chilipulver
- ½ TL Currypulver

- frisch gehackte Petersilie
- Salz, Pfeffer

Zubereitung:

1. Schäle zuerst die Zwiebel und Knoblauch, hacke beides klein.
2. Wasche die Zucchini und Paprika, schneide die Zucchini in Würfel, entkerne die Paprika und schneide sie klein.
3. Lass den Mais aus der Dose abtropfen.
4. Erhitze das Öl in einem Topf, dünste Zwiebel und Knoblauch darin an.
5. Gib Tomatenmark, Reis, Mais, Zucchini und Paprika dazu und lösche mit der Brühe ab.
6. Würze mit Salz, Pfeffer, Zimt, Chili und Curry.
7. Nach dem Aufkochen lässt du alles 10 Minuten bei geringer Wärmezufuhr langsam köcheln.
8. Ist der Reis gar, dann mische die Creme Fraiche und den Käse unter, richte alles auf Tellern an und streue die gehackten Petersilienblättchen darüber.

Grüner Nudel-Pot mit Zitronensoße

 Dieses gesunde Gericht zauberst du ganz schnell.
Ein Hingucker sind die grünen Nudeln und

die Zitronensoße schmeckt herrlich nach Sommer!

Zutaten für 2 Personen

- 200 g grüne Nudeln
- 80 g Zuckerschoten
- 150 g grüner Spargel
- 1 Bund Frühlingszwiebeln
- 100 ml Sahne
- 1 Bio-Zitrone, davon der Schalenabrieb und Saft
- 2 TL frische gehackte Petersilie
- Salz, Pfeffer
- Parmesan

Zubereitung:

1. Wasche den Spargel und die Zuckerschoten.
2. Schneide beim Spargel die unteren Enden ab, im unteren Teil schälst du die Stangen.
3. Dann schneidest du die Stangen in 3-4 cm lange Stücke.
4. Lege die Spargelspitzen zur Seite.
5. Die Zuckerschoten putzt du und schneidest sie in der Mitte schräg durch.
6. Wasche die Frühlingszwiebeln und schneide sie in Ringe.
7. Gib in einen Topf 500 ml Wasser, die Nudeln, Sahne, Petersilie, Zuckerschoten,

Frühlingszwiebeln und Spargel sowie 1 TL Salz und den Zitronenschalenabrieb.

8. Einmal aufkochen lassen und dann 5 Minuten bei mittlerer Wärmezufuhr ohne Topfdeckel köcheln lassen.
9. Jetzt gibst du die Spargelspitzen in den Topf dazu und lässt alles noch weitere 5 Minuten leise köcheln.
10. Schmecke mit Salz, Pfeffer und Zitronensaft ab.
11. Richte auf zwei Tellern an und reibe frischen Parmesan darüber.

Kürbis-Pot mit Nudeln

 Ein Gericht nicht nur im stürmischen Herbst.
Sobald man den Hokkaidokürbis kaufen kann, kann es mit dem Kochen losgehen! Wie dir vielleicht bekannt ist, muss man den Hokkaido nicht schälen vor dem Verzehr. Es bleibt dir überlassen, ob du die Schale mitessen möchtest.

Zutaten für zwei Personen

- 150 g Nudeln
- 250 g Hokkaidokürbis
- 500 ml Gemüsebrühe

- 1 Zwiebel
- 1 Knoblauchzehe
- 150 g Sahne
- 2 EL gehackte Rosmarinnadeln
- Salz, Pfeffer
- Parmesan

Zubereitung:

1. Als erstes den Kürbis waschen, die Kerne entfernen und das Fruchtfleisch in etwa 1 cm große Würfel schneiden.
2. Schäle die Zwiebel und Knoblauch, hacke beides klein.
3. Gib Nudeln, Kürbis, Rosmarin, Zwiebel und Knoblauch in einen Topf, gieße die Gemüsebrühe und die Sahne dazu und bringe alles unter Rühren zum Kochen.
4. Anschließend bei mittlerer Wärmezufuhr etwa 12-15 Minuten köcheln lassen, dabei das Umrühren nicht vergessen.
5. Schmecke mit Salz und Pfeffer ab, reibe frischen Parmesan über die Nudeln. Richte alles auf zwei Tellern an.

Cremiger Gemüse-Couscous-Pot

Natürlich kannst du das Gemüse tauschen und verwenden, was du gerade zu Hause hast oder lieber magst!

Zutaten für 3 Portionen

- 200 g Couscous
- 200 g Champignons
- 1 Zucchini
- 1 Paprika
- 1 Zwiebel
- 1 Brokkoli
- 150 g Kräuterfrischkäse
- 2 TL Instant-Gemüsebrühe
- 1 TL Öl
- etwas rosenscharfes Paprikapulver
- Salz, Pfeffer

Zubereitung:

1. Teile den Brokkoli in Röschen und wasche diese.
2. Danach die Zucchini und die Paprika waschen, die Kerne der Paprika entfernen und beides klein schneiden.
3. Schäle die Zwiebel und hacke sie fein.
4. Putze die Champignons und viertele sie.
5. Erhitze das Öl in einem Topf, brate zunächst die Zwiebel und die Champignons darin an, gib dann

das restliche Gemüse dazu und lass alles andünsten.

6. Lösche mit 500 ml Wasser ab und rühre die Instant-Gemüsebrühe ein.
7. Nach dem Aufkochen lässt du alles bei geringer Wärmezufuhr 5 Minuten köcheln.
8. Rühre den Frischkäse ein, schmecke mit Paprikapulver, Salz und Pfeffer ab.
9. Jetzt kommt der Couscous in den Topf.
10. Da dieser Flüssigkeit zum Quellen braucht, achte darauf, dass noch genügend davon im Topf ist.
11. Ziehe den Topf vom Herd und lass den Couscous 5 Minuten quellen.
12. Schmecke eventuell noch einmal ab und richte auf Tellern an.

Curry mit Kartoffeln und Spinat

Sättigende Kartoffeln im Curry schmecken wunderbar. Um das Curry noch cremiger zu bekommen, rühre dir einfach etwas Kokosmilch oder Creme Fraiche unter.

Zutaten für 4 Portionen

- 1000 g festkochende Kartoffeln

- 4 Hände frischen Spinat
- 2 Tomaten
- 1 daumengroßes Stück Ingwer
- 1 rote Chilischote
- ½ TL gemahlener Kurkuma
- 1 TL gemahlener Kreuzkümmel
- ½ TL ganze Kreuzkümmelkörner
- 2 EL Garam Masala Paste
- 1 EL Öl
- etwas frischen Koriander
- Salz

Zubereitung:

1. Schäle die Kartoffeln und schneide sie in Würfel.
2. Wasche die Tomaten, entferne den Strunk und schneide sie in kleine Würfel.
3. Wasche den Spinat und lass ihn gut abtropfen.
4. Das Ingwerstück schälen und in kleine Stücke schneiden.
5. Wasche die Chilischote, entferne die Kerne und schneide sie in Stücke.
6. Wasche den Koriander und zupfe die Blätter ab.
7. Die Stängel vom Koriander gibst du zusammen mit dem Ingwer, Chilischote und den Tomaten in eine Schüssel und pürierst sie mit dem Pürierstab fein.
8. Erhitze das Öl in einem Topf oder Wok, gebe die Kreuzkümmelkörner dazu und röste diese an, bis sie leicht braun werden.

9. Gib die pürierten Tomaten, den gemahlenen Kreuzkümmel, Kurkuma und die Garam Masala Paste dazu, würze mit Salz und lass alles kurz andünsten.
10. Mit 625 ml Wasser ablöschen, die Kartoffelwürfel dazugeben und bei mittlerer Wärmezufuhr etwa 40 Minuten köcheln lassen.
11. Ziehe den Topf vom Herd, mische die Spinatblätter gut unter und richte auf Tellern an.
12. Dekoriere die Teller mit den Korianderblättchen.

Risotto aus Graupen mit Kichererbsen

Ein Risotto mal anders! Als Pluspunkt: Die Kichererbsen, die wunderbar pflanzliches Eiweiß liefern. Die Harissa-Paste ist bekannt aus der marokkanischen und arabischen Küche; sie ist sehr scharf, probiere also, wie viel du davon im Gericht haben möchtest.

Zutaten für 2 Portionen

- 250 g grobe Perlgraupen
- 1 Dose Kichererbsen
- 100 g Rucola
- 250 g Champignons
- 250 g passierte Tomaten
- 1 Zwiebel

- 1 Knoblauchzehe
- 1 EL Tomatenmark
- 1-2 TL Harissa
- 600 ml Gemüsebrühe
- 1 EL Öl
- 1 Prise Zimt
- Salz, Pfeffer
- Parmesan

Zubereitung:

1. Schäle die Zwiebel und den Knoblauch, hacke beides klein.
2. Lass die Kichererbsen aus der Dose abtropfen.
3. Jetzt die Champignons putzen und vierteln.
4. Wasche den Rucola, lass die Blätter gut abtropfen und zupfe sie etwas kleiner.
5. Erhitze das Öl in einem Topf, dünste darin das Tomatenmark, Zwiebel und Knoblauch kurz an.
6. Gib Graupen, Kichererbsen, die passierten Tomaten, Champignons und die Gemüsebrühe in den Topf, bringe alles einmal zum Kochen.
7. Anschließend bei geringer Wärmezufuhr und unter gelegentlichem Umrühren 15 Minuten köcheln lassen.
8. Ziehe den Topf vom Herd, mische den Rucola unter das Risotto und würze mit Salz, Zimt und Harissa.
9. Lass alles noch 5 Minuten quellen, richte dann auf Tellern an und reibe frischen Parmesan darüber.

Nudelauflauf mit zwei Käsesorten aus dem Topf

 Um dieses Rezept zu kochen, brauchst du einen backofengeeigneten Topf. Denn die Nudeln werden zum Abschluss im Ofen mit Käse überbacken.

Zutaten für 6 Portionen

- 450 g Nudeln
- 250 g Champignons
- 2 rote Zwiebeln
- 2 Knoblauchzehen
- 1 EL brauner Zucker
- 720 ml Gemüsebrühe
- 240 ml Rotwein
- 300 ml Sahne
- 2 Lorbeerblätter
- etwas frischen Thymian
- 170 g Gruyère
- 40 g Gorgonzola
- 4 EL Butter
- Salz, Pfeffer

Zubereitung:

1. Die Zwiebeln schälen und fein würfeln.

2. Bringe in einem Topf die Butter zum Schmelzen und dünste die Zwiebeln zusammen mit dem Zucker darin glasig.

3. Den Rotwein dazu gießen und gut einkochen lassen.

4. Heize den Backofen auf 200°C vor.

5. Schäle den Knoblauch, hacke ihn fein und viertele die geputzten Champignons. Gib beides in den Topf.

6. Kurz andünsten lassen, mit Brühe ablöschen und einmal aufkochen lassen.

7. Dann die Nudeln, Lorbeerblätter und Thymian dazugeben und bei mittlerer Wärmezufuhr ca. 8-10 Minuten köcheln lassen.

8. Wenn die Nudeln gar sind, sammelst du die Lorbeerblätter und den Thymian wieder aus dem Topf.

9. Rühre die Sahne unter, würze mit Salz und Pfeffer, gib den Gorgonzola dazu, reibe die Hälfte des Gruyères in den Topf, mische alles gut unter und lass das Ganze noch 2 Minuten dünsten.

10. Streue jetzt den Rest des geriebenen Gruyères über die Nudeln und schiebe den Topf in den Backofen.

11. Nach etwa zwei Minuten schaust du, ob der Käse schön zerläuft, dann ist der Nudelauflauf fertig.

Hirsotto mit gerösteten Kürbiskernen

 Dieses vegetarische Gericht ist ganz schnell gekocht und kommt mit wenigen Zutaten aus, ist also durchaus preiswert. Genau das Richtige für den stressigen Alltag.

Zutaten für 2 Portionen

- 200 g Hirse
- 1 kleine Zwiebel
- 1 Knoblauchzehe
- 2 Möhren
- 500 ml Gemüsebrühe
- 20 g Butter
- Salz, Pfeffer
- 4 EL geröstete Kürbiskerne

Zubereitung:

1. Zuerst die Möhren schälen und mit der Küchenreibe grob raspeln.
2. Wasche die Hirse in einem Sieb und lass sie gut abtropfen.
3. Schäle die Zwiebel und den Knoblauch und schneide beides klein.
4. Erhitze die Butter in einem Topf.
5. Möhrenraspel, Zwiebel und Knoblauch darin andünsten.

6. Gib die Hirse dazu und röste diese kurz mit an.
7. Dann mit der Gemüsebrühe ablöschen, alles einmal aufkochen, und lass die Hirse bei geringer Wärmezufuhr für 20 Minuten köcheln.
8. Schmecke mit Salz und Pfeffer ab, mische die Kürbiskerne unter und richte auf zwei tiefen Tellern an.

Vegan

Linsen-Blumenkohl-Curry

Leckeres rotes Curry, das von innen wärmt!

Zutaten für 4 Portionen

- 200 g rote Linsen
- 1 Blumenkohl
- 2 Zwiebeln
- 425 ml Kokosmilch
- 1 rote Paprikaschote
- 2 EL Öl
- 1 EL rote Currypaste
- etwas frische Petersilie
- Salz, Pfeffer

Zubereitung:

1. Zerteile den Blumenkohl in kleine Röschen und wasche diese.
2. Wasche die Paprika, entkerne sie und schneide sie in Würfelchen.
3. Schäle die Zwiebel und hacke sie klein.

4. Erhitze das Öl in einem Topf, gib Blumenkohl, Paprika, Zwiebel und die Currypaste dazu und dünste alles kurz an.
5. Lösche mit der Kokosmilch und 400 ml Wasser ab, lass alles einmal aufkochen und dann bei mittlerer Wärmezufuhr 5 Minuten weiter köcheln lassen.
6. Dann gibst du die Linsen dazu und lässt alles nochmals 10 Minuten garen.
7. Schmecke mit Salz und Pfeffer ab und serviere das Curry garniert mit Petersilienblättchen.

Roter Eintopf mit Bohnen und Pistazien-Tapenade

Du kennst eine Tapenade noch nicht?
Probiere dieses Rezept, du wirst begeistert sein!
Die Tapenade kannst du natürlich auch für andere
Gerichte oder als Brotaufstrich verwenden.

Zutaten für 4 Portionen

- 1 Glas weiße Bohnen
- 250 grüne frische Bohnen
- je 1 rote, gelbe und grüne Paprika
- 300 g Tomaten
- 1 Zwiebel
- 1 Knoblauch
- 2 EL Olivenöl

- 1 EL Tomatenmark
- 1 EL Instant-Gemüsebrühe
- etwas edelsüßes Paprikapulver
- etwas Zucker
- etwas frischen, gehackten Oregano
- Salz, Pfeffer

Für die Tapenade:

- 1 Glas entsteinte grüne Oliven
- 50 g Pistazienkerne
- 1 TL Kapern aus dem Glas
- 3 EL Olivenöl
- Pfeffer

Zubereitung der Tapenade:

1. Lass die Oliven aus dem Glas in einem Sieb gut abtropfen.
2. Gib sie zusammen mit den Kapern, den Pistazien und dem Öl in eine Schüssel und püriere alles mit einem Pürierstab bis es cremig ist.
3. Mit etwas Pfeffer abschmecken.

Zubereitung Eintopf:

1. In einem Sieb spülst du die weißen Bohnen aus dem Glas mit Wasser ab und lässt sie gut abtropfen.

2. Schäle die Zwiebel und den Knoblauch und hacke beides fein.
3. Wasche die Paprikaschoten und schneide sie klein.
4. Nun die grünen Bohnen waschen, putzen und in Streifen schneiden.
5. Die Tomaten waschen, Strunk entfernen und klein schneiden.
6. Erhitze in einem Topf 2 EL Öl, dünste darin die Zwiebel, den Knoblauch und die Paprika an.
7. Gib dann die Tomaten und das Tomatenmark dazu und dünste beides kurz mit an.
8. Würze das Gemüse mit Salz, Pfeffer, Paprikapulver und etwas Zucker.
9. Lösche mit 750 ml Wasser ab, rühre die Brühe ein und lass alles aufkochen.
10. Bei geschlossenem Deckel und mittlerer Wärmezufuhr etwa 8 Minuten köcheln lassen.
11. Nun noch den Oregano und die weißen Bohnen in den Topf geben und erwärmen.
12. Mit Salz und Pfeffer abschmecken und zusammen mit der Tapenade servieren.

Kartoffelgulasch

 Wärmendes, würziges Gulasch ganz ohne Fleisch.
Geht ruckzuck und schmeckt super!

Zutaten für 4 Portionen

- 1500 g Kartoffeln
- 2 rote Paprika
- 1 Zwiebel
- 3 Knoblauchzehen
- 3 TL Gemüsebrühe
- 5 EL Tomatenmark
- 2 EL Öl
- 2 EL rosenscharfes Paprikapulver
- Salz, Pfeffer

Zubereitung:

1. Schäle die Kartoffeln und schneide sie in kleine Würfel.
2. Wasche die Paprika, entferne die Kerne und schneide sie ebenfalls klein.
3. Die Zwiebel und den Knoblauch schälen und klein schneiden.
4. Erhitze das Öl in einem Topf, brate zuerst die Zwiebel und den Knoblauch darin glasig an und danach noch die Kartoffeln und die Paprika.

5. Das Ganze mit 600 ml Wasser ablöschen und die Instant-Gemüsebrühe einrühren.
6. Lass alles aufkochen und bei mittlerer Wärmezufuhr 10 Minuten köcheln.
7. Wenn die Kartoffeln weich sind, rührst du das Tomatenmark unter und schmeckst mit Salz und Pfeffer ab.

Gemüse-Reis-Pot

Mit wenigen Zutaten kommt dieses leckere Reisgericht aus.
Ajvar kannst du in jedem gut sortierten Supermarkt kaufen, meistens in der Feinkostabteilung bzw. den länderspezifischen Zutaten.

Zutaten für 4 Portionen

- 200 g Reis
- 500 ml Gemüsebrühe
- 130 g tiefgekühlte Erbsen
- 1 Zwiebel
- 1 Paprika
- 1 Knoblauchzehe
- 3 Frühlingszwiebeln
- 100 g Ajvar
- 2 EL Öl
- 1 TL edelsüßes Paprikapulver

- etwas frisch gehackte Petersilie
- Salz, Pfeffer

Zubereitung:

1. Die Zwiebel und den Knoblauch schälen und fein schneiden.
2. Dann die Frühlingszwiebel waschen und in Ringe schneiden.
3. Wasche die Paprika, entferne die Kerne und schneide sie klein.
4. Erhitze in einem Topf das Öl, dünste die Zwiebel und den Knoblauch darin glasig an, gebe die Paprika dazu und brate diese kurz mit an.
5. Als nächstes den Reis, Ajvar, Paprikapulver und Gemüsebrühe in den Topf geben.
6. Kurz aufkochen lassen und bei mittlerer Wärmezufuhr 15 Minuten köcheln.
7. Danach die gefrorenen Erbsen und die Frühlingszwiebelringe in den Topf geben und für 2-3 Minuten mit garen.
8. Alles mit Salz und Pfeffer würzen und mit Petersilie bestreut servieren.

Chili sin Carne mit Quinoa

Optisch ist das Gericht auf jeden Fall ein Highlight.
Wer den Pot noch mehr in Rot halten möchte, schaut,
ob er rote Quinoa im Laden kaufen kann.

Zutaten für 3 Portionen

- 180 g Quinoa
- 250 g Mais aus der Dose
- 100 g Kidneybohnen aus der Dose
- 150 g Erbsen aus der Dose
- 120 ml Gemüsebrühe
- 1 Chilischote
- 1 rote Paprika
- 1 Avocado
- 1 EL Öl
- 2 EL Tomatenmark
- ½ TL Kümmel
- Chilipulver
- ½ Limette, davon der Saft
- rosenscharfes Paprikapulver
- Salz, Pfeffer
- ein paar frische Korianderblättchen

Zubereitung:

1. Schäle den Knoblauch und hacke ihn fein.
   1. Zuerst den Knoblauch schälen und klein schneiden.

2. Dann die Chilischote abspülen, halbieren, die Kerne entfernen und klein schneiden.
3. Wasche den Quinoa in einem Sieb einmal durch.
4. Lass die Dosengemüse in einem Sieb abtropfen, die Kidneybohnen auch mit Wasser abspülen.
5. Wasche die Paprikaschote, entferne die Kerne und würfele sie.
6. Danach die Avocado schälen, vom Kern befreien und in Würfel schneiden.
7. Das Öl in einem Topf erhitzen und Knoblauch und Chili zusammen mit dem Tomatenmark kurz anbraten.
8. Lösche mit der Gemüsebrühe ab, gib den Quinoa, Dosengemüse und Paprika mit in den Topf.
9. Würze mit Chili- und Paprikapulver sowie Salz und Pfeffer.
10. Bei geschlossenem Topfdeckel lässt du alles auf mittlerer Hitze 20 Minuten köcheln.
11. Abschließend hebst du die Avocado Würfel und den Limettensaft unter und garnierst das Gericht mit den Korianderblättchen.

Nudel-Pot mit Radicchio und Walnuss

Feiner bitterer Radicchio und schmackhafte eingelegte Tomaten lassen dieses Gericht zu etwas Besonderem werden.

Zutaten für 2 Portionen

- ½ Radicchio
- 250 g Nudeln
- 6 getrocknete Tomaten in Öl
- 1 Knoblauchzehe
- 1 TL Instant-Gemüsebrühe
- 1 gute Handvoll Walnusskerne
- 3 EL Olivenöl
- ½ EL Fenchel Samen
- Salz, Pfeffer

Zubereitung:

1. Lass das Öl von den Tomaten abtropfen und schneide sie in grobe Stücke.
2. Entferne die äußersten Blätter des Radicchio und schneide den inneren Teil in Streifen.
3. Dann den geschälten Knoblauch fein schneiden.
4. Zerdrücke die Fenchelsamen.
5. Gib diese Zutaten zusammen mit den Nudeln in einen Topf, gieße 500 ml Wasser und das Öl dazu und würze mit Instant-Gemüsebrühe, Salz und Pfeffer.
6. Einmal aufkochen lassen und dann bei mittlerer Wärmezufuhr etwa 10 Minuten köcheln lassen.
7. Umrühren nicht vergessen.
8. Hacke zwischenzeitlich die Walnüsse in grobe Stücke und garniere damit den fertigen Pot.

Reis-Pilz-Pot

 Einfach, schnell und ohne komplizierte Zutaten – so macht vegan kochen Spaß!

Zutaten für 2 Portionen

- 300 g Champignons
- 180 g Reis
- 2 Zwiebeln
- 2 Knoblauchzehen
- 480 ml Gemüsebrühe
- 2 EL Kokosöl
- 2 EL pflanzliche Butter
- Salz, Pfeffer

Zubereitung:

1. Putze die Pilze und schneide sie in Scheiben oder Viertel.
2. Schäle Zwiebel und Knoblauch, hacke beides klein.
3. Erhitze in einem Topf das Öl, dünste die Zwiebel und Knoblauch darin glasig, gebe die Pilze dazu und brate diese 5 Minuten lang an.
4. Gib den Reis dazu und röste diesen kurz mit an.
5. Gieße mit der Gemüsebrühe auf und lass alles etwa 15 Minuten bei geringer Wärmezufuhr leicht köcheln.
6. Vergiss nicht, immer wieder umzurühren.

7. Schmecke mit Salz und Pfeffer ab, mische die pflanzliche Butter unter den Reis und serviere alles auf Tellern.

Bulgur-Pot mit Gemüse

Der feine Weizen bringt mal einen ganz anderen Geschmack auf den Teller. Sagt dir das Gemüse in diesem Rezept nicht zu, dann tausche sie doch einfach in Gemüsesorten, die dir mehr zusagen!

Zutaten für 2 Portionen

- 200 g Bulgur, mittelfein
- 1 Dose stückige Tomaten
- 2 Zucchini
- 1 Paprika
- 1 Zwiebel
- 1 Handvoll frischen Blattspinat
- 2 Knoblauchzehen
- 1 EL Öl
- 1 TL gemischte Kräuter der Provence
- Salz, Pfeffer

Zubereitung:

1. Die Zucchini waschen und würfeln.
2. Wasche den Spinat und lass ihn gut abtropfen.
3. Paprika waschen, von den Kernen befreien und in Streifen schneiden.
4. Schäle die Zwiebel und Knoblauch, hacke beides fein.
5. Erhitze in einem Topf das Öl und dünste darin Zwiebel und Knoblauch glasig.
6. Gib die Paprika und Zucchini in den Topf und dünste beides kurz mit an.
7. Dann die Tomaten und den Bulgur in den Topf geben, 100 ml Wasser dazu gießen, die Kräuter untermischen und alles bei geringer Wärmezufuhr zugedeckt 15-20 Minuten köcheln lassen.
8. Zwischendurch immer wieder umrühren, wenn das Wasser komplett verschwunden und der Bulgur noch nicht gar ist, dann gib noch weitere 100 ml Wasser dazu.
9. Schmecke mit Salz und Pfeffer ab.
10. Ganz am Schluss hebst du den Blattspinat unter.

Orientalischer Nudel-Pot

 Wunderbarer Duft kommt aus deiner Küche, wenn du dieses zauberhafte Gericht kochst!

Zutaten für 2 Portionen

- 300 g Brokkoli
- 2 Möhren
- 2 Paprikaschoten
- 1 Zwiebel
- 250 g Nudeln
- 150 ml Kokosmilch
- 350 ml Gemüsebrühe
- 2 getrocknete Datteln
- 2 getrocknete Feigen
- 1 Messerspitze Chiliflocken
- 1 TL Kurkuma
- 1 TL Garam-Masala-Gewürzmischung
- 1 EL stückige Erdnussbutter
- 4 EL geröstete Erdnüsse
- Salz, Pfeffer

Zubereitung:

1. Als erstes die Möhren schälen und in Scheiben schneiden.
2. Die Paprika waschen, die Kerne entfernen und in Streifen schneiden.

3. Jetzt den Brokkoli in Röschen zerteilen und waschen.
4. Die Datteln und Feigen klein schneiden.
5. Als letztes die Zwiebel schälen und würfeln.
6. Sämtliche geschnittenen Zutaten sowie die Nudeln, Chiliflocken, Erdnussbutter, Kokosmilch und Gemüsebrühe in einen Topf geben und mit ½ TL Salz zum Kochen bringen.
7. Mit geschlossenem Topfdeckel bei mittlerer Hitze etwa 10 Minuten köcheln lassen, immer wieder umrühren.
8. Zum Schluß mit Garam-Masala und Pfeffer abschmecken und mit gerösteten Erdnusskernen garniert servieren.

Asiatischer Reisnudel-Pot

 Hier kommen Asia-Liebhaber ganz auf ihren Geschmack!

Zutaten für 2 Portionen

- 90 g dünne Reisnudeln
- 100 g Champignons
- 2 kleine Pak Choi
- 100 g Zuckerschoten

- 1 Zwiebel
- 3 Knoblauchzehen
- 1 daumengroßes Stück Ingwer
- 2 TL Instant-Gemüsebrühe
- 2 EL Sojasoße
- 1 TL Sesamöl
- 2 EL Öl
- 1 EL braunen Zucker
- 1 TL Sriracha-Soße
- Saft einer halben Limette
- etwas frischen Koriander

Zubereitung:

1. Den Ingwer, die Zwiebel und den Knoblauch schälen und klein schneiden.
2. Dann die Zuckerschoten putzen und in der Mitte schräg durchschneiden.
3. Als nächstes die Pilze putzen und vierteln.
4. Den Pak Choi waschen und in Streifen schneiden.
5. Erhitze in einem Wok oder großen Topf Öl, brate die Zwiebel, Knoblauch und Ingwer kurz darin an.
6. Dünste Pak Choi, Pilze und Zuckerschoten kurz mit an, füge Sojasoße, braunen Zucker, 300 ml Wasser, Instant-Gemüsebrühe, Sesamöl und Sriracha-Soße hinzu und rühre alles gut um.
7. Schiebe alle Zutaten auf die Seite und gib die Reisnudeln in die Topfmitte, bedecke sie mit den Zutaten und lege den Deckel auf den Topf.

8. Nach 3-4 Minuten überprüfst du, ob die Nudeln weich sind. Dann gießt du den Limettensaft darüber und lässt alles kurz bei großer Wärmezufuhr ordentlich braten.

9. Serviere das Gericht garniert mit frischen Korianderblättchen.

Haftungsausschluss

„Die Verwendung der Informationen in diesem Buch und die Umsetzung derselben erfolgt ausdrücklich auf eigenes Risiko. Der Autor kann für etwaige Unfälle und Schäden jeder Art, die sich bei der Zubereitung der Speisen ergeben, aus keinerlei Rechtsgrund die Haftung übernehmen. Haftungsansprüche gegen den Autor für Schäden jeglicher Art, die durch die Nutzung der Informationen in diesem Buch bzw. durch die Nutzung fehlerhafter und/oder unvollständiger Informationen verursacht wurden, sind ausgeschlossen. Folglich sind auch Rechts-und Schadenersatzansprüche ausgeschlossen. Der Inhalt dieses Werkes wurde mit größter Sorgfalt erstellt und überprüft. Der Autor übernimmt keine Gewähr und Haftung für die Aktualität, Korrektheit, Vollständigkeit und Qualität der bereitgestellten Informationen. Druckfehler können nicht vollständig ausgeschlossen werden. Weiterhin beruht der Inhalt dieses Werkes auf persönlichen Erfahrungen und Meinungen des Autors. Der Inhalt darf nicht mit medizinischer Hilfe verwechselt werden."

Impressum

Printed in Great Britain
by Amazon

DAS EINFACHE UND SCHNELLE

One Pot

Kochbuch

DER GROßE KÜCHENRATGEBER FÜR LECKER UND GESUNDE GERICHTE AUS EINEM TOPF INKL. REZEPTE WIE BEI MUTTERN.

Was macht die One-Pot-Küche eigentlich in letzter Zeit so populär?

Ganz einfach: Sie geht relativ schnell, die Rezepte sind gesund und ganz einfach nachzukochen und man versinkt nicht in Unmengen schmutziger Töpfe, Teller und Schüsseln!

Mit diesem formidablen Küchenratgeber zum Thema One-Pot-Gerichte erhalten

sie viele leckere Rezepte, die bestimmt schon bald zu Ihren Lieblingsspeisen gehören werden, weil Sie aus jeder erdenklichen Sparte sind: Kochen wie bei Muttern! ist die Devise. Und genauso schmeckt es.

Lassen Sie sich in die kulinarische Welt unserer Mütter versetzen und verwöhnen Sie sich und Ihre Lieben mit den Köstlichkeiten dieses Kochbuchs.

ISBN 9781710049282

90000

9 781710 049282